スパイス、カレー弁当

弁当

汁もの、丼もの、カレーむすびまで
気軽に持ち運びできる

本格レシピ 44

カレー将軍
緑川真吾
伊東盛
シャンカール・ノグチ
水野仁輔

誠文堂新光社

カレー界から弁当界へ

編集 最初この本のお話がきたときはどう思いました？

伊東 最初は真吾（緑川）に話がいったんだよね。

緑川 そう。**最初はバサッと断ったよ。**俺的には、**カレーってだけではやる気おきないよ。**

一同 （笑）

緑川 **でも水野だ。まずは水野に話そう！** ということになって。

編集 それで水野さんにメールしたら、**二つ返事で「やろう！」と。**

伊東 お〜、なんと！ 前向きだな。

水野 よくないなこのエピソードは（笑）。キャラが崩れるなぁ〜**片っぱしからオファーは断る**というキャラで通してるのに（笑）

伊東 二つ返事っていうんだから（笑）

水野 いやまぁ、なんかほら **"いままでにない"** っていうのが好きなのよ俺は。

伊東 シャンカは？

シャンカ そうだね。話をもらって、**4人でやれる**っていうのは、すごく……心細くなくて。

伊東将軍

緑川征夷大将軍

水野 そうそう！ あんな福岡の料亭で適当に立ち上げたグループが（P.78参照）まさかレシピ本を出せるんだっていうのがね。

伊東 そうそう。でもほんと「スパイスカレー弁当」っていうのは、今までなかった。

水野 昔ルウカレーの本出したとき、オファーの時点でシャンカールは「おれ、ルウ使ったことない」って言って、今回もシャンカールは**「おれ、カレーは弁当で持ってったことない」**って。もう**毎回いばらの道**よ。

編集 みなさん**1人分**は作ったことないって口を揃えておっしゃってましたね。レシピ開発、むずかしかったですか？

伊東 レシピ開発っていうより……まず「弁当」ってのがわからなかった。おれは弁当を作ったことないから。**詰め物でいいの？** とか

シャンカ そう。おれも弁当作ったことないから、**弁当の概念**からだから。

水野 **弁当界**の人間じゃないのよ。**結局俺たちはカレーの人たちだから**。「弁当の流儀」は知らないのよ。だから、カレー界から弁当界にやってきたわけで。

今回、美味しいカレーをたくさん作って、弁当箱に入れて写真を撮りました。でもほんとう、このレシピ本は**「美味しいものを作る」**が先にあるから、それを持っていける弁当箱を探した。

伊東 そうね。「この弁当箱に、なに詰めよう？」じゃなくて。

水野 食べたいものを美味しく作って、食べたいものに合わせて弁当箱を選ぶ。**食べたいものを美味しく、明るく作る！** これ意外と大事よ。

水野将軍

シャンカール将軍

CHAPTER 1

特選カレー弁当

セパレート

オンザライス

CHAPTER 2

究極のワンハンドカレー

CHAPTER 3

ごはんが進むスパ漬け

オイル

ノンオイル

本書掲載のカレー弁当

今日(明日)はどんなカレー弁当を食べよう？
本書では4種類のお弁当を用意しました。食べる場面や好みに合わせて選んでみてください。

セパレート

P22〜

本格的なカレーを食べたい人はセパレートがおすすめ！ ごはんとカレーが別々になったお弁当を紹介しています。バターチキンやグリーンカレーなど王道のカレーはこちら。

オンザライス

P42〜

ごはんの上にカレーをのせたどんぶり系カレー。お弁当箱がひとつで済み、丼物みたいにさくっと手軽に食べられるのが魅力。キーマカレーやダルカレーなどを紹介。

ミックス

P62〜

カレー炒飯やカレーリゾット、ビリヤニなど、カレーと素材が"混ざり合った"カレー弁当。ごはんにパスタにうどんに春雨と、いつものカレーじゃ満足できないあなたへ。

ワンハンド

P79〜

片手で食べられるカレー弁当、それがワンハンドカレー。おにぎりやいなりなどのごはんものから、バインミーやサンドイッチなどのパンものまで。忙しい人にぴったりのカレー弁当です。

道具はほぼコレだけ！

最小限の道具があればスパイスカレー弁当は作れます。
ここで紹介しているものを用意してから作り始めましょう。

片手なべ

直径**26cm**くらいのものがベター。具材を炒めるところからスタートするものがほとんどなので、片手でふれる軽いものがおすすめ。

軽量カップ

材料を軽量するときに使用します。少なくても**2**カップ以上計れるものがあるとベター。

軽量スプーン

一般的な大さじ、小さじを計るものから、小さじ$\frac{1}{8}$まで計れるものまであるとベター。本書では**1**人分に合わせてスパイスを調合しているので、小さじ$\frac{1}{8}$が出てきます。

包丁とまな板
自分の手にあった使いやす
いものであればなんでもOK。

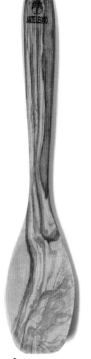

木べら
具材を炒めたり混ぜ合わせ
たりするときに使用します。自
分の手にあった使いやすいも
のでOK。

菜箸
具材を炒めたり、お弁当箱に
盛り付けたりするときに使用。

ボウルとバット
マリネしたり、炒めた具材を取
り置いたりするときに使用。

弁当箱マトリクス

スープジャー

密閉性、保温性ともに優れたスープジャー。汁もののカレーの強い味方です。気軽に持ち運びできて、いつでも温かいカレーが食べられます。

オーソドックスな弁当箱

オーソドックスなプラスチック製の弁当箱。フタにゴムパッキンがついているので、密閉性は比較的高いです。ほとんどのものが電子レンジで温められるのもうれしいポイント。

保存容器

タッパーウェア型のプラスチック製の保存容器。弁当箱として使っている人も多いです。密閉性は比較的高く、多くのものが電子レンジにも対応しています。フタがスクリュー型のものは、さらに密閉性が高くなります。

ちょっとおしゃれな弁当箱

同じプラスチック製でも、見た目重視のものにはゴムパッキンがついていないものも。洗うのには便利ですが、その分密閉性はやや劣ります。

ちょっとおしゃれな保存容器

おしゃれな見た目の保存容器には、ゴムパッキンがついていないものも。やはり密閉性はやや劣ります。

あったか〜い

保温性 & 温めやすさ

密閉性が高い弁当箱は、保温性も高いのだ（持っているのはインド式だけどね）

弁当箱を、保温性＆温めやすさと、密閉性で分類しました。
本書で紹介しているスパイスカレー弁当は、
セパレート、オンザライス、ミックス、ワンハンドの**4**種類です（P.7参照）。
セパレートは密閉性の高い弁当箱を、
オンザライスとミックスは密閉性が中程度〜高いものを選びましょう。
ワンハンドはどの弁当箱でも**OK**！（ただし、スープジャーは向きません）。

ぴったりもれない

密閉性

逆さ厳禁！

つめた〜い

タイ弁当箱

レトロなデザインのタイ製弁当箱。密閉性はインド式弁当箱と同程度。ホーローなので保温性は高いです。電子レンジは不可ですが、直火では温められます。

ステンレスの弁当箱

フタにゴムパッキンがついていて、密閉性は比較的高いです。ベルトを巻いて止めるタイプもあります。洗いやすく、匂い移りしにくいのも特徴です。電子レンジは不可ですが、直火では温められます。

インド弁当箱

インド製の弁当箱。カレーは上段に入れます。汁ものでも横に倒れたくらいでは漏れませんが、ゴムパッキンがついていないので逆さにするのは危険。電子レンジは不可。直火は**OK**です。

ホーロー容器

そのまま火にかけられるので、保存から調理まで使える便利なアイテム。でも、弁当箱としての密閉性はなく、持ち運びには適しません。電子レンジ不可。

曲げわっぱ

通気性や殺菌力に優れているのが曲げわっぱ。残念ながら、密閉性、保温性はありません。一部のオンザライスやミックス、ワンハンドなら持ち運び可能です。

将軍4人のカレーの特徴

カレー将軍の**4**人が作るスパイスカレー弁当は、それぞれ特徴があります。
初心者の方は水野将軍のカレー、
より本格的なカレーを楽しみたいならシャンカール将軍、といった具合です。
将軍ごとの個性を楽しめるのもこの本の魅力です。

水野将軍

ズボラさんいらっしゃい！
基本的に**3**種類のスパイスしか使わないで作れるカレーを用意しました。手っ取り早くスパイスカレーが食べたい人におすすめ。レシピもかんたんなものばかりなので、スパイスカレー初心者にも作りやすいと思うな。

緑川征夷大将軍

濃い味多め！ ザ・男の料理
ガッツリ系からごはんが進む系まで、男が食べたい弁当を作ったぜ。もっとたくさん食べたかったら、ごはんの量とかを各自で増やして、もっとガッツリさせてもいいぜ。味は濃い目に作っているから、大人の男には酒の肴にもなるぜ。

伊東将軍

見た目もきれいな"映える"カレー

いろんな素材を使って、きれいな見た目を意識しました。カレーって茶色いイメージだけど、そんなことないんですよ。いろんな野菜を入れれば彩り豊かだし、ヘルシーにもなる。女性は僕のレシピから作ってみてもいいんじゃないかな?

シャンカール将軍

本格的なインドカレーはまかせて

インドで食べられているカレーを再現しました。スパイスが香る本格的なカレーをお弁当でも食べたい人におすすめしたい。CHAPTER3のスパ漬けもぜひ見てみて。カレーと一緒に食べれば、お互いがより美味しく本格的になりますよ!

カレーの素を作ろう

玉ねぎを炒めて、トマトの水分を飛ばし、
スパイスを混ぜ込んだもの。
それがカレーの素です。このカレーの素に、
好きな具材を入れることでスパイスカレーが完成します。
まずはカレーの素の作り方をマスターしましょう。

カレーの素は作り置きができるので、毎日のお弁当作りにも便利。この本でもいくつかのレシピで、カレーの素を使っています。

カレー将軍4人が作ったカレーの素がこちら

同じ分量・手順で作っても、このように結構見た目が変わります。
微妙な火加減や混ぜ具合で変わるので、写真通りにならなくても**OK！**
右の手順通りに作れば、大体美味しく仕上がります。

水野将軍

伊東将軍

緑川征夷大将軍

シャンカール将軍

スパイスは、同量のカレー粉で代用することができます。スパイスを持っていない人はまずはカレー粉で作ってみて！

材料(4人分)

植物油 大さじ**3**	トマト(ざく切り) 大**1**個
玉ねぎ(スライス) **1**個(250g)	コリアンダー 小さじ**2**
塩 小さじ**1**	クミン 小さじ**2**
にんにく(すりおろし) 小さじ**1**	パプリカ 小さじ**1**
しょうが(すりおろし) 小さじ**1**	ターメリック 小さじ**1**

CURRY POWDER 大さじ**2** でもOK！

下準備　玉ねぎはスライス、トマトはざく切りにします。
にんにく、しょうがはすりおろして、水150mℓ（分量外）に溶いておきます。

1
フライパンに
植物油を強火で熱し、
玉ねぎと塩、
にんにく・しょうがを
水150㎖（分量外）で
溶いたものを加える。

玉ねぎが色づき、とろっとなるまで
（ここまで約10分）

2
5分ほど、
そのまま放置して、
水分がある程度
飛んできたら、
かき混ぜながら
焦げないように炒める。
（少々の焦げはOK）

強火で約15分

3
トマトを加え、
潰すように炒める。
強火のまま
水分が飛ぶまで
しっかり炒める。

4
火を止めスパイスを加え、
予熱でしっかり
混ぜ合わせる。

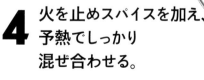

ここで作ったカレーの素は、4人分の分量です。カレーの素は冷蔵なら約1週間、冷凍なら約1か月の保存が可能です。フリーザーバッグや保存容器などで、密閉して保存しましょう。

基本のチキンカレーを
作ろう

カレーの素を使って作るチキンカレーを紹介します。
スパイスカレーの基本的な作り方になるので、
カレー作り初心者の人は、まずこのレシピで練習してみましょう。

材料（4人分）

カレーの素（P.14参照）　**4人分**
鶏もも肉（ひと口大に切る）　**400**g
水　**300**㎖

1 フライパンを中火で熱し、
鶏もも肉を入れ、
焼き色がつくまで炒める。

2 水を加え、フタをして
弱火で5分ほど煮込む。

3 カレーの素を加え、
しっかり混ぜ合わせる。

4 弱火で3分ほど煮込む。
最後に塩少々（分量外）で
調味する。

この本で使用する
スパイスはコレ！

1 クミン

カレー粉の香りはクミンの香りというぐらい、香ばしさが強いスパイスです。カレー料理でコリアンダーやターメリックと一緒に使用することが多く、具材と一緒に炒め合わせるとクミンの香りが美味しくさせてくれます。エジプトが原産で中国や南北アメリカ大陸でも料理に使用されているスパイス。

2 ターメリック

インドの料理には必ずと言っていいほど使用されているスパイスです。独特の苦味と香りがあり、料理にバランスよく使用することをおすすめします。身体にも良いとされていることからよく使用されます。料理を綺麗な黄色に色付けしてくれます。

3 コリアンダー

ご存じパクチーの種、コリアンダーは、スパイスカレー作りで一番使用量の多いスパイスです。スパイスの調合ではまとめ役、繋ぎのスパイスとして使用します。ふんわりとした甘く爽やかな香りですが、煎るとアーモンドのような香りがします。

4 ブラックペッパー

スパイスの最初のキングだったのが、このブラックペッパー。肉の殺菌のために塩と一緒にふりかけて使用します。胡椒の産地の違いで香りと辛みが違ってきます。安定感のある風味なので、スパイスカレーで使用する場合は、調合の下支えとして使用しましょう。

本書でメインで使うのは、7種類のパウダースパイスです。
1つのお弁当に使うスパイスは、そのうち3〜5つだけ。
作りたいお弁当のスパイスからそろえましょう。

5 レッドチリ　パプリカ

辛みをつけたいときに使用します。レッドチリは煮込むと辛みだけでなく、ふんわりとした旨味やピーマンの香りも感じます。最近インドではスパイスのニューキングとも言われています。本書では辛味の苦手な方に、同量のパプリカパウダーを推奨しています。

6 カルダモン

スパイスのクイーンという異名を持ち、爽快感を感じさせ、スパイス調合の香り作りには欠かすことのできないスパイス。ガラムマサラの原料の一つでもあり、ヨーロッパでは料理やデザートにも使用されています。

7 ガラムマサラ

北インドのカレーでは必需品のスパイスミックス。カルダモン、シナモン、クローブなど香りのいいスパイスを原材料に使用しているので、香り豊かです。料理の最後に使用することが多いのは、長い時間煮込んで飛んだスパイスの香りを補うためです。

本書の見方と決まり

(A)
種類アイコン
掲載のお弁当がどの種類に属するかを示しています。

(B)
レシピタイトル
掲載のカレーの名称を表記しています。

■ セパレート **(A)**
オンザライス
ミックス
ワンハンド

BUTTER CHICKEN CURRY

バターチキンカレー **(B)**

1 期間限定のレトルト缶

素材全部の味わいが一つになるまで煮込むのがコツ！ピーナッツバターが香る絶品バターチキンカレー

材料

鶏もも肉(ひと口大に切る) 50g **(C)**
ヨーグルト(無糖) 65㎖
にんにく(すりおろし) 小さじ1/2
しょうが(すりおろし) 小さじ1
食塩不使用バター 25g
トマト(中・くし形切りにする) 2個
ピーナッツバター(無糖) 大さじ2

塩 小さじ1/3
クミン 小さじ1
パプリカ 小さじ1/2
コリアンダー 小さじ1/2
ブラックペッパー 小さじ1/4
ガラムマサラ 小さじ1/8

CURRY POWDER 小さじ2 でもOK！ **(D)**

作り方

下準備　ボウルに鶏肉とヨーグルト20㎖、にんにく、しょうがを入れて混ぜ合わせ、冷蔵庫で一晩漬け込んでおく。

1 鍋にバターを中火で熱し、下準備の鶏肉を入れて表面に焼き目がつくまで炒める。

2 1にガラムマサラ以外のスパイス(またはカレー粉)全量を加え、鶏肉にからめながらよく炒める。

3 2にトマトとヨーグルト45㎖、ピーナッツバターを加える。ぐつぐつと煮えてきたら、ふたをして少し火を弱め、10分ほど経ったらふたを開け、弱火で2分ほど煮る。

4 ガラムマサラを加えて塩で調味する。

22　　23

(C)
材料(1人分)
掲載のカレーの材料です。特記が無い限り1人分の表記になります。増やしたい場合は、単純に人数をかけた分量で作ることができます。

(D)
カレー粉アイコン
ほぼすべてのレシピはカレー粉(市販)で代用できます。スパイスの代わりにアイコンに表示されている分量のカレー粉を使用してください。

(E)
将軍アイコン
掲載のカレーをどの将軍が作ったのかを示しています。コツなど将軍からのメッセージもついています。

本書の決まり

☞ 大さじ1は15㎖、小さじ1は5㎖です。1カップは200㎖です。
☞ 材料の分量は、各料理ごとに表示しています。
☞ 鍋の大きさや材質によって熱の伝わり方や水分の蒸発の仕方などに差がでます。ふたは鍋のサイズにぴったり合い、できるだけ密閉できるものを使用してください。
☞ 火加減の目安は、強火が「鍋底に炎が勢いよく当たる程度」、中火が「鍋底に炎がちょうど届く程度」、弱火が「鍋底に炎がギリギリ当たらない程度」です。
☞ レシピに出てくる電子レンジは、600wのものを使用しています。500wの場合は、加熱時間を1.2倍にしてください。メーカーによって差があるので、様子を見ながら加熱してください。
☞ レシピに出てくる「∞分煮る」とは、はじめの材料を入れてからの目安時間です。

特選カレー弁当

セパレートはカレーとごはんが分かれている王道のインドカレー、
オンザライスはごはんの上にカレーをのせたどんぶり系カレー、
ミックスはカレーとごはんなどが一体となったカレーです。
将軍たちのコメントも参考に、是非作ってみてください。

BUTTER CHICKEN CURRY

バターチキンカレー

材料

鶏もも肉（ひと口大に切る）**50**g

ヨーグルト（無糖）**65**㎖

にんにく（すりおろし）**小さじ¹/₂**

しょうが（すりおろし）**小さじ¹/₂**

食塩不使用バター **25**g

トマト（中・ミキサーにかける）**2**個

ピーナッツバター（無糖）**大さじ2**

塩　**小さじ¹/₃**

クミン　**小さじ1**

パプリカ　**小さじ¹/₂**

コリアンダー　**小さじ¹/₂**

ブラックペッパー　**小さじ¹/₄**

ガラムマサラ　**小さじ¹/₈**

CURRY POWDER 小さじ2弱でもOK！

作り方

下準備　ボウルに鶏肉とヨーグルト20㎖、にんにく、しょうがを入れて混ぜ合わせ、冷蔵庫で一晩漬け込んでおく。

1 鍋にバターを中火で熱し、下準備の鶏肉を入れて表面に焼き目がつくまで炒める。

2 1にガラムマサラ以外のスパイス（またはカレー粉全量）を加え、鶏肉にからめながらよく炒める。

3 2にトマトとヨーグルト45㎖、ピーナッツバターを加える。ぐつぐつと煮えてきたら、ふたをして少し火を弱め、10分ほど経ったらふたを開け、弱火で2分ほど煮る。

4 ガラムマサラを加えて塩で調味する。

素材全部の
味わいが
一つになるまで
煮込むのがコツ!
ピーナッツバターが香る、
絶品バターチキンカレー。

LEMON CHICKEN CURRY

レモンチキンカレー

材料

植物油　少々
鶏もも肉（ひと口大に切る）　**120**g
玉ねぎ（くし形切り）　**1/4**個
しょうが（千切り）　**1/2**片
しょう油　小さじ**2**弱

水　**100**㎖
レモン汁　**1/2**個分
ターメリック　小さじ**1/4**
コリアンダー　小さじ**1**強
パプリカ　小さじ**1/2**

CURRY POWDER 小さじ**2**弱 でもOK!

作り方

1 鍋に植物油をひき、
鶏肉の皮目を下にして敷きつめ、
強めの中火にかけて
皮目にキッチリ焼き色がつくまで炒める。

2 鶏肉を裏返して、玉ねぎとしょうが、
スパイス（またはカレー粉）を加えてざっと混ぜ合わせる。

3 しょう油と水、レモン汁を加えてふたをし、
5分ほど煮る。

さっぱり、すっきり、香り高くて、美味しい！きっとおかわりしたくなる。でも、できない。

MIXED VEGI CURRY

ミックスベジカレー

材料

バター **10**g

ミックスベジタブル(冷凍) **120**g

カレーの素(**P.14**参照) **1**人分

水 **100**㎖

塩 少々

作り方

1 鍋にバターを中火で熱し、ミックスベジタブルを冷凍のまま加え、さっと炒める。

2 カレーの素と水を加え、よく混ぜながら弱火で5分煮る。

3 最後に塩で調味する。

「カレーの素」で、いつものわき役を主役に！

COCONUT MACKEREL CURRY

ココナッツ さば缶カレー

材料

植物油　小さじ **1**
玉ねぎ(スライス)　**1/4**個
しょうが(千切り)　少々
にんにく(千切り)　少々
トマトピューレ　大さじ **1**
さば水煮缶(190g)　**1**缶

ココナッツミルク　**200**㎖
クミン　小さじ **1**
ターメリック　小さじ **1/4**
コリアンダー　小さじ **1**強
パクチー(あればで可)　適量

CURRY POWDER 小さじ **2**強 でもOK！

作り方

1 鍋に植物油を中火で熱し、玉ねぎとしょうが、にんにくを入れほんのり色がつくまで炒める。

2 トマトピューレを加えて混ぜ合わせ、スパイス(またはカレー粉)を入れ **1** 分ほど炒める。

3 さば缶(汁ごと)とココナッツミルクを加えて **5** 分ほど煮る。

4 好みでパクチーを添える。

◆水煮缶は汁ごと入れますが、缶によって塩分が違うので、足りなかったら最後に塩(少々・分量外)調味しよう。

さば缶を使って
簡単・本格的な
ココナッツ香る
さばカレーだぜ！
パクチーはお好みで。

MUSTARD FISH CURRY
マスタード フィッシュカレー

材料

植物油　大さじ **1**
にんにく (みじん切り)　**1** 片
粒マスタード　小さじ **2**
玉ねぎ (中・スライスをさらに横半分に切る)　**1/2** 個
青唐辛子 (みじん切り)　**1** 本
水　小さじ **2**
ココナッツミルク　**200** ㎖
たら (切り身・ひと口大に切る)　**1** 枚

レモン汁　小さじ **1**
ナンプラー　小さじ **1/2**
ターメリック　小さじ **1/4**
コリアンダー　小さじ **1**
レッドチリ　小さじ **1/8**
パプリカ　小さじ **1/4**
カルダモン　小さじ **1/3**

CURRY POWDER 小さじ **2弱** でもOK！

作り方

1 鍋に植物油を中火で熱し、にんにくと粒マスタードを炒める。

2 にんにくがこんがりと焼けてきたら、玉ねぎを加える。

3 玉ねぎに焼き目がついてきたら、スパイス (またはカレー粉) と青唐辛子、水を加え絡める。

4 3にココナッツミルクを加え全体になじませたら、たらを加えてふたをし、**3** 分ほど煮る。

5 たらに火が通ったら、レモン汁を加え、ナンプラー (なければ塩少々) で調味する。

しっかり煮詰めてカレーソースをねっとりさせるのが肝！

31

セパレート

オンザライス
ミックス
ワンハンド

CHICKEN KEEMA CURRY

冷めても美味しい
チキンキーマカレー

材料

酢 適量	にんにく（みじん切り） 少々
塩 少々	トマトピューレ 大さじ1/2
パプリカ（赤、黄・みじん切り） 各2cm幅	鶏ひき肉 120g
きゅうり（みじん切り） 1/2本	カレーの素（P.14参照） 小さじ1
植物油 小さじ1	クミン 小さじ1/2
玉ねぎ（みじん切り） 1/4個	ターメリック 小さじ1/2
しょうが（みじん切り） 少々	コリアンダー 小さじ1

CURRY POWDER 小さじ2 でもOK！

作り方

下準備 ボウルに酢、塩、パプリカ、きゅうりを入れて混ぜ合わせ、冷蔵庫で一晩漬け込んでおく。

1 鍋に植物油を中火で熱し、玉ねぎ、しょうが、にんにくを入れ、ほんのり色がつくまで炒める。

2 1にトマトピューレを加えて混ぜ合わせ、スパイス（またはカレー粉）を入れ1分ほど炒める。

3 2に鶏肉を入れほぐしながら炒め、カレーの素、漬け込み野菜（酢は除く）を加え、よく混ぜ合わせる。

4 最後に塩（少々・分量外）で調味する。

鶏ひき肉と
ピクルスで
**さっぱり
ヘルシー**な
カレーだぜ！

THAI STYLE GREEN CURRY
タイ風グリーンカレー

材料

植物油　小さじ 1/2
タイカレーペースト（市販）　大さじ 1
鶏むね肉（ひと口大に切る）　80g
ココナッツミルク　200㎖
細切りたけのこ（水煮）　30g
エリンギ（スライス）　1本

砂糖　小さじ 1
ナンプラー　小さじ 1
レモン汁　小さじ 1/2
パプリカ（赤、黄・乱切り）　各 1/4個
パクチー（あればで可・みじん切り）　適量

作り方

1 鍋に植物油を弱めの中火で熱し、
タイカレーペーストと鶏肉を加え、
肉の表面が白く色づくまで炒める。

2 ココナッツミルクを加え煮立たせたら、
たけのことエリンギを加え弱火で 5分ほど煮る。

3 砂糖、ナンプラー、レモン汁を加え、
しっかり混ぜ合わせたら、
パプリカとパクチーを加え火を止める。

タイカレーペースト
さえあれば、
現地の味
確定！
パクチーはお好みで。

SPAM & CABBAGE CURRY

スパムとキャベツの
カレー

材料

顆粒コンソメ　小さじ**1**
湯　**200**㎖
植物油　小さじ**1**
スパム（2cm角に切る）**120**g
キャベツ（千切り）**1**枚
玉ねぎ（スライス）**1/4**個

にんにく（スライス）　少々
しょうが（千切り）　少々
しょう油　小さじ**1**
クミン　小さじ**1/4**
ターメリック　小さじ**1/4**
コリアンダー　小さじ**1**強

CURRY POWDER 小さじ**2**弱 でもOK！

作り方

下準備　顆粒コンソメは**200**㎖の湯で溶かしておく。

1 鍋に植物油を中火で熱し、スパムとキャベツ、
玉ねぎ、にんにく、しょうがを入れ
焼き色がつくまで炒める。

2 スパイス（またはカレー粉）を加えてざっと混ぜ合わせる。

3 溶かしたコンソメスープとしょう油を
加えて混ぜ合わせ、ふたをして**5**分ほど煮る。

野菜の
甘みが
優しい
あったか
スープカレー
だぜ！

SAAG POTATO CURRY

サグポテトカレー

材料

ほうれん草（葉・ざく切り）**20枚**	じゃがいも（中・皮をむき、6等分に切る）**1個**
植物油 **大さじ2**	塩 **小さじ1/4**
玉ねぎ（小・みじん切り）**1/2個**	クミン **小さじ1/2**
にんにく（すりおろし）**小さじ1/2**	ターメリック **小さじ1/4**
しょうが（すりおろし）**小さじ1/2**	コリアンダー **小さじ1/2**
トマト（小・さいの目切り）**1個**	レッドチリ **小さじ1/8**
水 **小さじ1**	ガラムマサラ **小さじ1/4**
	パクチー（あればで可）**適量**

CURRY POWDER 小さじ2弱 でもOK！

作り方

下準備 鍋に湯を沸かし、ほうれん草をゆでる。クタクタになったら
ざるにあげ、粗熱が取れたらフードプロセッサーに
水少々（分量外）と一緒に入れペースト状にする。
じゃがいもをゆで、火が通ったらざるにあげる。

1 鍋に植物油を強めの中火で熱し、
玉ねぎを炒める。

2 玉ねぎがきつね色になったら、
にんにくとしょうがを加え、さらに炒める。

3 にんにくの香りが広がってきたら、トマトを加えて
炒め（徐々に火は弱める）、全体がペースト状になったら、
火を止めガラムマサラ以外のスパイス
（またはカレー粉全量）と水小さじ1を加えて混ぜ合わせる。

4 再び中火にかけ2分ほど炒めたら
ほうれん草のペーストを入れ、
煮立ってきたらじゃがいもを入れる。

5へ↗

辛味も抑えた
本格サグカレー。
マイルドな
味わいに
仕上げました。
パクチーはお好みで。

5 弱火にし、ふたをして5分ほど煮る。

6 ふたを開けてガラムマサラをふりかけ、
塩で調味する。

JAPANESE DASHI KEEMA CURRY

和だしお茶漬け
キーマカレー

材料

植物油 小さじ1
鶏ひき肉 30g
まいたけ（みじん切り） 30g
長ねぎ（斜め切り） 1/5本
塩 少々
しょうが（千切り） 少々

緑茶 150㎖
お茶漬けの素 1杯分
わけぎ（小口切り） 少々
クミン 小さじ1
ブラックペッパー 小さじ1/8
レッドチリ 小さじ1/8

CURRY POWDER 小さじ2弱 でもOK！

作り方

1 鍋に植物油を中火で熱し、
鶏肉を入れ、しっかり炒める。

2 1にまいたけ、長ねぎ、塩、しょうがを加え、
長ねぎがとろっとなるまで炒める。

3 スパイス（またはカレー粉）を加え、
しっかり混ぜ合わせながら弱火で炒める。

4 緑茶とお茶漬けの素、わけぎを加え、
ひと煮立ちさせる。

リッチなお茶漬けカレー、
それは
ちょい足し具材と
スパイスの饗宴！

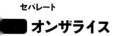
LAMB CHOP CURRY
ラムチョップ弁当

材料

A
しょうが(すりおろし) **1**片
にんにく(すりおろし) **1**片
ヨーグルト(無糖) **50**㎖
トマトケチャップ 大さじ**1**
塩 少々

ラムチョップ **2**本
植物油 小さじ**1**
クミン 小さじ**1/2**
ターメリック 小さじ**1/2**
ブラックペッパー 小さじ**1**

ブロッコリー(あればで可・塩ゆで) 適量
玉ねぎのスパ漬け
(あればで可・P.107参照) 適量

作り方

下準備 ボウルに**A**とスパイス(またはカレー粉)を入れてよく混ぜ合わせ、
ラムチョップを漬ける。冷蔵庫に一晩入れておく。

1 鍋に植物油を中火で熱し、
ラムチョップを漬け汁ごと入れて
両面に焼き色がつくまで炒める。

2 弁当箱に詰めたら、鍋に残ったソースをかける。

たまには贅沢に
スパイシーな
ラムチョップ弁当だぜ！

SPICY TRIPLE CURRY

スパイシー 3色どんぶり

材料

鮭フレーク　適量
植物油　小さじ1
卵　1個
塩　少々
みりん　少々

パクチー（ざく切り）　適量
クミン　小さじ1/2
コリアンダー　小さじ1弱
パプリカ　小さじ1/4

CURRY POWDER
小さじ2弱
でもOK！

作り方

1 鍋を中火で熱し、鮭フレークを加えてからいりし、火を止めて、スパイス（またはカレー粉）を混ぜ合わせる。

2 別の鍋に植物油を中火で熱し、卵と塩、みりんをよく混ぜ合わせて薄くのばしながら焼く。

3 2をまな板に置き、粗熱が取れたら千切りにする。

4 鮭と卵、パクチーをごはんにのせる。

初体験の
驚きを
約束します。
混ぜれば
混ぜるほど
うまくなる！

SHRIMP KEEMA CURRY

えびキーマカレー

材料

植物油 小さじ**1**
豚ひき肉 **60**g
冷凍むきえび（冷凍のままざく切り） **60**g
桜えび（乾燥） **5**g
カレーの素（P.14参照） **1**人分

水 **100**㎖
塩 少々
生大根のスパ漬け
（あればで可・**P109**参照）
紫キャベツのスパ漬け
（あればで可・**P111**参照）

作り方

1 鍋に植物油を中火で熱し、豚肉を炒める。

2 肉に火が通ったら、むきえびと桜えびを加え、なじむまで炒める。

3 2にカレーの素と水を加え、よく混ぜながら弱火で水分がなくなるまで炒める。

4 最後に塩で調味する。

スプーンが止まらない！
豚とえびの
ダブルの旨味！

ALOO GOBI BACON CURRY

アルゴビベーコン

材料

じゃがいも (皮をむき、5〜6等分に切る) **1**個	塩 小さじ **1/4**
カリフラワー (小・小房に切り分ける) **1/6**個	青唐辛子 (薄い輪切り) **1**本
植物油 小さじ **2**	クミン 小さじ **1/2**
ベーコン (1cm四方に切る) **1**枚	ターメリック 小さじ **1/4**
玉ねぎ (小・みじん切り) **1/2**個	コリアンダー 小さじ **1**
にんにく (すりおろし) 小さじ **1/2**	パプリカ 小さじ **1/4**
しょうが (すりおろし) 小さじ **1/2**	ミックススパ漬け (あれば可・P103参照)
トマト (小・さいの目切り) **1/3**個	

CURRY POWDER 小さじ **2** でもOK！

作り方

下準備 じゃがいもとカリフラワーは
柔らかくなるまでゆでておく (金串などを刺して確認する)。

1 鍋に植物油を中火で熱し、
ベーコンを入れ表面が焼けてきたら、
玉ねぎを加えてきつね色になるまで炒める。

2 にんにくとしょうがを加え、
にんにくの香りが広がるまで炒めたら、
トマトを加えて形がなくなるまで炒める。

3 2にスパイス (またはカレー粉) と青唐辛子と
水大さじ **1** (分量外) を加え、
中火で **3** 分ほど全体をまとめるように炒める。

4 3にじゃがいもとカリフラワーを加えて、
焼き目がつくまで炒めたら、最後に塩で調味する。

すこしの辛味と
ベーコンの旨味が
後を引く。
アル（じゃがいも）と
ゴビ（カリフラワー）を
むしゃむしゃ食べたくなるよ！

DAAL SAAG CURRY

ダルサグ

材料

ムングダル **25**g	パクチー（みじん切り）**1**枝
植物油 大さじ**1**	塩 小さじ**1/4**
しょうが（みじん切り）小さじ**1**	ターメリック 小さじ**1/4**
玉ねぎ（小・みじん切り）**1/2**個	コリアンダー 小さじ**1/2**
トマト（小・さいの目切り）**1/2**個	レッドチリ 小さじ**1/4**
白いりごま（粗ずり）小さじ**1**	カルダモン 小さじ**1/8**
トマトジュース **100**ml	ガラムマサラ 小さじ**1/8**
ほうれん草（葉・ざく切り）**18**枚	ミックススパ漬け（あればで可・**P103**参照）

CURRY POWDER 小さじ**2**弱 でもOK！

作り方

1 ムングダルを水でよく洗い、沸騰した湯に入れ、柔らかくなるまでゆでる（約5分）。

2 鍋に植物油を中火で熱し、しょうがを入れこんがり焼けてきたら玉ねぎを加え、きつね色になるまで炒める。

3 2にトマトを加え、形がなくなるまで炒めたら、ガラムマサラ以外のスパイス（またはカレー粉全量）と白ごま、水大さじ**2**（分量外）を加え2分ほど全体をまとめるように炒める。

4 トマトジュースを加え、グツグツとしてきたらムングダルとほうれん草を加えてなじませ、全体がねっとりとするまで煮る。

5 パクチーとガラムマサラを加えて混ぜ、塩で調味する。

トマトの
旨味を
強めにつけた
ソースで
ムングダルと
ほうれん草を
食べるカレー。

オンザライス

CHANA MASALA CURRY

チャナマサラ

材料

ガルバンゾ（ひよこ豆・水煮缶）**80**g

植物油　大さじ**1**

玉ねぎ（小・みじん切り）　**1**個

にんにく（すりおろし）　小さじ**1**

しょうが（すりおろし）　小さじ**1**

ミニトマト（4等分に切る）　**3**個

塩　小さじ**1/3**

水　大さじ**1**

パクチー（ざく切り）　**1**枝

クミン　小さじ**1**

ターメリック　小さじ**1/4**

コリアンダー　小さじ**2/3**

レッドチリ　小さじ**1/4**

 CURRY POWDER 小さじ**2**強 でもOK！

ミニトマト（あればで可・半分に切る）　適量

なめこのスパ漬け
（あればで可・**P.105**参照）　適量

作り方

下準備　ガルバンゾはざるにあけて水けをきり、
新しい水でよく洗っておく。

1 鍋に植物油を中火で熱し、
玉ねぎをきつね色になるまで炒める。

2 1ににんにくとしょうがを加え、
にんにくの香りが広がるまで炒めたら、
ミニトマトを加えて形がなくなるまで炒める。

3 スパイス（またはカレー粉）と水を加え
全体をまとめるように**3**分ほど炒める。

4 3にガルバンゾを加え、
ガルバンゾをつぶすように**5**分ほど炒める。

5 4にパクチーを加えて混ぜ、塩で調味する。

ガルバンゾを炒めるとき、
つぶすように炒めると

**豆の旨味が
具材の野菜や
スパイスと絡み、
美味しさが生まれるよ!**

セパレート
オンザライス

ミックス
ワンハンド

GINGER PORK CURRY

ポークジンジャー
カレー風味

材料

植物油　少々
豚肩ロース肉（スライス）　**120**g

A
みりん　大さじ**1**
日本酒　少々
しょう油　小さじ**2**
しょうが（しぼり汁）　小さじ**2**

キャベツ（千切り）　**4〜5**枚
クミン　小さじ**1**
ブラックペッパー　小さじ**1/4**
パプリカ　小さじ**1/2**

CURRY POWDER 小さじ2弱 でもOK！

作り方

1 鍋に植物油を中火で熱し、
豚肉を加えて両面がこんがりするまで焼く。

2 スパイス（またはカレー粉）を入れて混ぜ、
すぐに**A**を加えて絡めながら炒める。

3 キャベツと共にごはんにのせる。

あのド定番の人気メニューをカレー風味にしてしまった。

SPICE SALTED KOJI PORK CURRY

スパイス塩麹ポークソテー

材料

豚肩ロース肉(ソテー用厚切り) **120**g

塩麹 **12**g

植物油 小さじ**2**

長ねぎ(斜め切り) **20**g

ミニトマト(半分に切る) **3**個

クミン 小さじ1/4

コリアンダー 小さじ1/2

ガラムマサラ 小さじ1/8

CURRY POWDER 小さじ**1**弱 でもOK!

作り方

下準備 豚肉はフォークで差して穴を開けておく。
ポリ袋に豚肉とスパイス(またはカレー粉)、塩麹を入れて軽くもみ、
一晩冷蔵庫で漬け込んでおく。

1 鍋に植物油を中火で熱し、豚肉を入れ
弱めの中火で中に火が通るまで焼く。

2 1に長ねぎとミニトマトを加え、
長ねぎがしんなりするまで炒める。

3 豚肉を食べやすい大きさに切ってごはんにのせ、
長ねぎとミニトマトを上からかける。

スパイスと塩麹の相性の良さを

体感、実感、納得。

CHICKEN NUGGETS SPICY CURRY

鶏からピリ辛ごはん

材料

青ねぎ (1～1.5cm幅に切る) **3本**

鶏もも肉 (小さめのひと口大に切る) **120g**

から揚げ粉　適量

揚げ油　適量

なす (小・小さめの乱切り) **1本**

トマトケチャップ　小さじ**2**

タバスコ　少々

クミン　小さじ**1**

コリアンダー　小さじ**1/2**

ブラックペッパー　小さじ**1/8**

CURRY POWDER 小さじ2弱 でもOK!

作り方

1 青ねぎをボウルに入れておく。

2 鶏肉にから揚げ粉をまぶして
180℃の油で揚げる。

3 揚がったら油をきって**1**のボウルに加え、
それぞれのスパイス (またはカレー粉) 半量を
加えて混ぜる。

4 180℃の油でなすを素揚げにし、
油をきって**3**に加え、
残りのスパイス (またはカレー粉) を混ぜ合わせる。

5 ケチャップとタバスコを加えて混ぜ合わせる。

揚げ物はずるいよな。

ごはんが止まらなくなるからね。

セパレート

オンザライス

ミックス
ワンハンド

YAKITORI CURRY
焼きとり缶カレー

材料

植物油　小さじ**1**
玉ねぎ(くし形切り)　**1/4**個
まいたけ　少々
マッシュルーム　**4**個
カレーの素(P.14参照)　**1**人分

焼きとりの缶詰(塩味・**70**g)　**2**缶
水　**100**㎖
しょうが(千切り)　少々
クミン　小さじ**1/2**
コリアンダー　小さじ**1**

CURRY POWDER 小さじ**2**強 でもOK！

作り方

1 鍋に植物油を中火で熱し、
玉ねぎとまいたけ、マッシュルームを炒める。

2 火が通ったらスパイス(またはカレー粉)を加え、
1分ほど炒めたらカレーの素と焼きとり缶、
水を加えさっと混ぜ合わせ煮立たせる。

3 弁当箱に盛り、しょうがを散らす。

濃いめの味で
**ごはんが
ススムぜ！**

FRIED RICE CURRY

カレー炒飯

材料

卵　**1**個	グリーンピース　**1**缶（55g）
ごはん　**1**膳分（180g）	しょう油　少々
塩　少々	クミン　小さじ**1**
ごま油　小さじ**2**	ターメリック　小さじ**1/4**
チャーシュー（みじん切り）　**2〜3**枚	コリアンダー　小さじ**1/2**
紅しょうが（みじん切り）　少々	

CURRY POWDER 小さじ**2**弱 でもOK！

作り方

1 ボウルに卵を溶き、ごはんと塩、
スパイス（またはカレー粉）を混ぜ合わせておく。

2 鍋にごま油を強火で熱し、
1を加えてしっかり炒める。

3 パラッとしてきたらチャーシューと紅しょうが、
グリーンピースを加えて炒め合わせる。

4 鍋肌からしょう油をまわしかけ、
混ぜ合わせて火を止める。

パラッとするまで炒める。そうすれば、冷めてもうまい！

RISOTTO CURRY

カレーリゾット

オリーブオイル　小さじ**1**と**1/2**　　　　牛乳　**150**mℓ

ソーセージ（輪切り）　**1**本　　　　粉チーズ　少々

ベーコン（細切り）　**1**枚　　　ブラックペッパー（粗挽き）　少々

エリンギ（みじん切り）　**1/4**本　　　　パセリ（みじん切り）　少々

塩　少々　　　　クミン　小さじ**1/2**

ごはん　**180**g　　　ターメリック　小さじ**1/8**

バター　**10**g　　　コリアンダー　小さじ**1**

CURRY POWDER 小さじ2弱 でもOK！

作り方

1 鍋にオリーブオイルを中火で熱し、
ソーセージとベーコン、エリンギを加え、
全体的に焼き色がつくまで炒める。

2 弱火にし、スパイス（またはカレー粉）と塩を加え
さっと炒める。

3 ごはんを加え、よく混ぜ合わせたら
バターと牛乳を加えひと煮立ちさせる。

4 火を止め、粉チーズとブラックペッパーを加えて
混ぜ合わせ、最後にパセリを散らす。

昨日の残りごはんで作れば
あっという間!

CHICKEN BIRYANI
チキンビリヤニ

材料

サフラン　ひとつまみ
バスマティライス　**1**合
鶏もも肉（ひと口大に切る）**70**g
ヨーグルト（無糖）**50**g
水　大さじ**2**

パクチー（ざく切り）　**1**枝
水　**130**㎖
カレーの素（P.14 参照）　**1**人分
ガラムマサラ　小さじ**1/4**

作り方

下準備　サフランを水大さじ**2**（分量外）に浸しておく。バスマティライスを半ゆで（約5分火にかける）したら、ざるに上げ、水けをきっておく。

1 鍋を中火で熱し、カレーの素を温めたら、鶏肉を加えて焼き目がつくまで炒める。

2 1にヨーグルトと水（大さじ2）を加えてグツグツと煮えてきたら、ふたをして弱火でさらに**10**分煮込み、ふたを開け、ガラムマサラを加え混ぜる。

3 バスマティライス半量を別の鍋（ふたつき）の底に敷き、**2**のチキンカレーを全体に広げてのせる。さらに残りのバスマティライスをのせたら、サフランを水ごと全体に散らす。その上にパクチーを散らす。

4 水**130**㎖を加え、ふたをして強火にかける。沸騰して蒸気が漏れてきたら、弱火にして**10**分炊く。

5 火を消し、ふたをしたまま**10**分ほど蒸らし、全体をかき混ぜる。

バスマティは半ゆでしてから
カレーと一緒に
ホーロー鍋で炊くと
うまく炊けます。

CURRY-FLAVORED SPAGHETTI NEAPOLITAN

カレーナポリタン

材料

スパゲティー **100**g

植物油 小さじ**1**

バター **5**g

玉ねぎ（スライス） **1/4**個

ピーマン（細切り） **1/2**個

マッシュルーム（スライス） **1**個

スライスベーコン **50**g

トマトケチャップ 大さじ**3**

生クリーム 小さじ**1**

粉チーズ 適量

カレーの素（P.14参照） **1**人分

クミン 小さじ**1**

ブラックペッパー 小さじ**1**

パプリカ 小さじ**1/2**

CURRY POWDER 小さじ**2**強 でもOK！

作り方

下準備 パッケージに書かれた分量の水と
塩ひとつまみ（分量外）を加え、スパゲティーをゆでておく。

1 鍋に植物油を中火で熱し、バターと野菜、
ベーコン、スパイス（またはカレー粉）、カレーの素を入れ、
玉ねぎが透明になるまで炒める。

2 ケチャップ、スパゲティーの順に加え
よく絡めながら炒める。

3 最後に生クリームを加えてよく混ぜ、
粉チーズをふり、塩（少々・分量外）で調味する。

粉チーズは
たっぷり
かけるべし！

■ミックス

CURRY-FLAVORED RICE NOODLE

カレービーフン

材料

水 **200**㎖
ビーフン **1**袋(70g)

A
むきえび **5**尾
ヤングコーン(縦半分に切る) **3**本
キャベツ(ひと口大に切る) **1**枚
ピーマン(細切り) **1**個

カレーの素(P.14参照) **1**人分
ブラックペッパー 小さじ**1/2**
パプリカ 小さじ**1/2**

作り方

1 鍋に水、ビーフンを入れて強火にかけ、
沸騰したら中火にし、ビーフンの上に
Aをのせ、ふたをして**3**分蒸し煮にする。

2 ビーフンをほぐし、スパイス(またはカレー粉)、
カレーの素を入れ、水分が飛ぶまで炒める。

えびの香りと
ヤングコーンの
食感が楽しい
スパイシービーフンだぜ。

CREAMY CURRY UDON

クリーミーカレー焼きうどん

材料

植物油　大さじ **1**
豚バラ肉（薄切り・ひと口大に切る）　**80** g
玉ねぎ（スライス）　**1/4** 個
キャベツ（ひと口大に切る）　**1** 枚
しめじ（石づきを取り、ばらす）　**1/2** 株
ゆでうどん　**1** 玉
しょう油　小さじ **1**
めんつゆ（ストレート）　大さじ **1**

バター　**5** g
生クリーム　大さじ **1**
紅しょうが　適量
カレーの素（P.14参照）　**1** 人分
ターメリック　小さじ **1**
コリアンダー　小さじ **1**
カルダモン　小さじ **1**

CURRY
POWDER
小さじ
3
でもOK !

作り方

1 鍋に植物油を中火で熱し、
豚肉、玉ねぎ、キャベツ、しめじを炒める。

2 豚肉に火が通ったら、バターとスパイス（またはカレー粉）、
カレーの素を入れ、よく絡め炒める。

3 うどんとしょう油、めんつゆを入れ、
よく混ぜながら炒める。

4 最後に生クリームを入れて混ぜ合わせ、
塩（少々・分量外）で調味し、紅しょうがをのせる。

バターしょう油香る
クリーミーで
スパイシーな
コク旨
焼きうどんだぜ！

GLASS NOODLES IN SPICY MINCEMEAT SAUCE CURRY

カレー麻婆春雨

材料

春雨（乾燥） **40**g
熱湯 **200**ml
ごま油 小さじ**1**
豚ひき肉 **50**g
にんじん（千切り） **20**g
ピーマン（細切り） **1/4**個
生しいたけ（薄切り） **1**枚
長ねぎ（みじん切り） **15**cm
水溶き片栗粉（片栗粉：水=1：2） **15**ml

A

豆板醤 **5**g
にんにく（すりおろし） 少々
しょうが（すりおろし） 少々
長ねぎの青い部分（みじん切り） 少々
しょう油 大さじ**1**と**1/2**
みりん 大さじ**1**
オイスターソース 小さじ**1**
クミン 小さじ**1/2**
コリアンダー 小さじ**1/2**

CURRY POWDER
小さじ**1**
でもOK！

作り方

下準備 ボウルに乾燥春雨と熱湯を合わせておく。

1 鍋にごま油を中火で熱し、豚肉とにんじんを入れ、肉の色が変わるまで炒める。

2 1にAを加えてしっかり混ぜ合わせたら、ピーマンとしいたけ、長ねぎを加えて炒める。

3 春雨を戻し湯ごと加え、混ぜ合わせながら煮る。

4 水溶き片栗粉を少しずつ加えてその都度よく混ぜ合わせ、好みのとろみにする。

◆水溶き片栗粉は十分な加熱をしないと、とろみがつかないので、一度加えたら1分くらいはしっかり混ぜながら炒めよう。

主食か、
おかずか。
それが問題だ。

MIXED KEEMA CURRY

ミックスキーマカレー

材料

バター **10**g	ウスターソース **大さじ1**強
牛ひき肉 **120**g	カレーの素(P.14参照) **1**人分
赤ワイン **100**mℓ	水 **100**mℓ
レッドキドニー **60**g	ごはん **1**膳分(180g)

作り方

1 鍋にバターを中火で熱し、
牛肉を加えて火が通るまでしっかり炒める。

2 1に赤ワインを注いでしっかり煮立てて
アルコール分を飛ばし、
レッドキドニーを混ぜ合わせる。

3 ウスターソースとカレーの素、水を加えて煮立て、
ごはんを加えて水分が飛ぶまで中火で炒める。

老舗の
洋食屋さんで
食べるような
味を弁当で！

カレー将軍結成秘話と今後の野望

編集 この本はカレー将軍はじめての本なので、読者の方に向けて、カレー将軍とはどんな活動をしているチームなのか教えて下さい。

緑川 活動の予定はないんだもんな（堂々と）。これまでの活動としては、キックオフパーティーだけ！

リーダー キックオフパーティーだけか……（しんみり）

一同 （笑）

リーダー まぁうちカリ〜番長では東京23区をはじめいろいろな場所でいろいろやってきてるんで、将軍としての目標は全国平定かな！

水野 やっぱり現存天守12名城を廻って行ったりかな。日本で天守が現存してるのは12城あるから。松本城とか白鷺城とかいいな〜。城でやりたいね。どっかの城でカレー作りたい！

緑川 青葉城とか結構協力してくれそうじゃない？

編集 大阪城ホールとかいいんじゃないですか？

水野 ホールじゃだめよ、城でやりたいのよ城で。……これで大丈夫？今のくだりで3行くらいにしかならないんじゃない？（笑）

編集 そもそも「将軍」は、どう始まったのでしょうか。もともとは東京カリ〜番長として活動されていましたよね。

水野 わかりやすくいうと、東京カリ〜番長のなかのAチーム4人で集まって結成したチームなんですよ。東京カリ〜番長の中でカレーを作るのがうまい上から4人が抜けて（笑）

シャンカ リーダーは抜けてないけどね。まぁ独立。脱退っていうか、辞めたっていうか、辞めさせられたっていうか（笑）

緑川 最終的に水野に辞めさせられたんだよ。水野はそのとき残ったけど（笑）。自分もそのあと辞めやすくするために、まず俺たちを辞めさせるという……。

水野 で、辞めさせたあと、自分も崖から飛び降りる（笑）

編集 いろいろあったようですね（笑）。水野さんは最初から次の組織「カレー将軍」を作るつもりはあったんですか？

水野 うん。福岡の料亭で。東京カリ〜番長でいった福岡のイベントでの夜。そのときこのメンバー4人で、Aチームだけでなんかできないかなって話になりましたね。

編集 なぜ「将軍」？

リーダー それは番長より強いから！

緑川 カイザーとかいろいろあったよね。王様とか。

編集 これちょっと裏話じゃないですが、今回の本って一応ホールスパイスNGがルールじゃないですか。でもシャンカさんの撮影後に調整してもらったレシピにホールスパイス入ってたんですよ。

シャンカ え？入ってた？入ってた？え？

リーダー おれゼロよ？

水野 おれも。

緑川 おれもゼロよ。スパ漬けはいいんでしょ。スパ漬けだけでしょ？その他にも入ってんの？

シャンカ 入ってた？

編集 実際には使われていなかったんですけど、いただいたレシピ原稿には入っていました。

シャンカ え、入ってた〜？じゃ自然に入れちゃってたのかな。無意識？ほんと？

一同 すごいなぁ〜（笑）

シャンカ 無意識でホール入れてた！

水野 もう名前にホールいれたらいいんじゃない？シャンカール・ノグチもとい、シャンカールホール＆ノグチ。

シャンカ まいったね。

注）ホールスパイスはスパ漬け以外には使用されていません。

P.100へ続く

伊東将軍　緑川征東大将軍

クリーンソルジャー　水野将軍　シャンカール将軍

CHAPTER
2

究極の
ワンハンドカレー

毎日のお昼。忙しくて手が離せない……。そんな方におすすめするのがこのワンハンドカレー。
おなじみのおにぎりやサンドイッチに加え、ボリューム満点のバインミーや、
インドのストリートフード・パオバジ、スパイスコロッケや蒸し餃子も紹介しています。
いろんな場面でお楽しみください。

BANH MI

バインミー

材料（バケット1/2個分）

紫玉ねぎ（スライス） 1/4個
ナンプラー 小さじ1
砂糖 小さじ1/4
バケット（厚みを半分に切る） 1/2本
バター 10g
コンビーフ 50g
酢 大さじ1
カレーの素（P.14参照） 1人分
レタス 1枚
生大根のスパ漬け（P.109参照） 適量
にんじんのスパ漬け（P.110参照） 適量
紫キャベツのスパ漬け（P.111参照） 適量
パクチー（あればで可） 適量

作り方

下準備 ボウルに紫玉ねぎとナンプラー、砂糖を入れ混ぜ合わせておく。

1 鍋を中火で熱し、バケットの切り目を下にして、カリッとするまで焼く（トースターでも可）。温かいうちにバターを塗っておく。

2 鍋にコンビーフと酢、カレーの素を入れ、弱火で焦げつかないようによく混ぜながら炒める。

3 1のバケットの下半分にレタスを敷き、その上に紫玉ねぎと2のコンビーフ、スパ漬け、パクチーをのせる。

「カレーの素」と「スパ漬け」が大活躍！

RICE CROQUETTE
ライスコロッケ

材料(3個分)

オリーブオイル　大さじ**1**
玉ねぎ(みじん切り)　**1/4**個
ピーマン(みじん切り)　**1/2**個
にんじん(みじん切り)　**1/4**本
カレーの素(P.14参照)　**1**人分
ごはん　**2**膳分(360g)
溶けるチーズ(2㎝角に切る)　**3**個
薄力粉　適量
卵　**1**個
パン粉　適量
揚げ油　適量
トマトケチャップ　適量
パセリ(みじん切り)　適量
クミン　小さじ**1/2**
ターメリック　小さじ**1**
ブラックペッパー　小さじ**1**

CURRY POWDER 小さじ**2**強でもOK！

作り方

1 鍋にオリーブオイルを中火で熱し、みじん切りにした野菜を炒める。

2 野菜に火が通ったら、スパイス(またはカレー粉)とカレーの素、塩(分量外)を加えて1分ほど炒めごはんを入れて、よく混ぜながら炒める。

3 全体になじんだら取り出して粗熱を取り、3等分にしてラップに広げる。中心にチーズを入れて丸く成形する。

4 3に薄力粉、卵、パン粉の順につけ、170℃の油で揚げる。

5 ケチャップをかけ、パセリを散らす。

香味野菜とスパイスで
香り豊かな
ライスコロッケ！

セパレート
オンザライス
ミックス
ワンハンド

SPICE STEAMED GYOZA
スパイス蒸し餃子

材料（約12個分）

植物油　大さじ **1**
にんにく（すりおろし）　**5**g
しょうが（すりおろし）　**5**g
塩　小さじ **1/2**
鶏ひき肉　**60**g
豚ひき肉　**60**g
玉ねぎ（みじん切り）　**1/4**個
しょう油　小さじ **1**
オイスターソース　小さじ **1**
砂糖　少々
餃子の皮　**12**枚
クミン　小さじ **1**
レッドチリ　小さじ **1/8**
ガラムマサラ　小さじ **1/2**

CURRY
POWDER
小さじ
2弱
でもOK！

作り方

1 鍋に植物油を中火で熱し、にんにくとしょうがを炒める。

2 にんにくの香りが立ってきたら、塩とスパイス（またはカレー粉）を加え、しっかり混ぜ合わせる。

3 ステンレス製のボウルに2種類のひき肉と玉ねぎ、しょう油、オイスターソース、砂糖、塩、1を入れよく混ぜ合わせる。

4 3を12等分して餃子の皮で包み、蒸し器で約7分蒸す。

しっかり味付き。
タレはいらないから、
そのまま
食べちゃえ。

HOT CURRYWURST DOG

ホットカリー ブルストドッグ

材料（1個分）

オリーブオイル　大さじ**2**
カレーの素（**P.14**参照）　**1**人分
みかんの果汁　**1～2**個分（大さじ3強）
トマトケチャップ　大さじ**1**強
マヨネーズ　大さじ**1**
フランクフルトソーセージ　適量
パン（ホットドッグ用）　**1**個

作り方

1 小鍋にオリーブオイルとカレーの素、みかんの果汁、ケチャップを入れてよく混ぜ合わせ、弱火でとろっとするまで煮詰める。

2 1にマヨネーズを混ぜ合わせる。

3 別の鍋を中火で熱し、ソーセージに切り込みを入れて焼く。

4 3をパンにはさみ、2のカレーケチャップをかける。

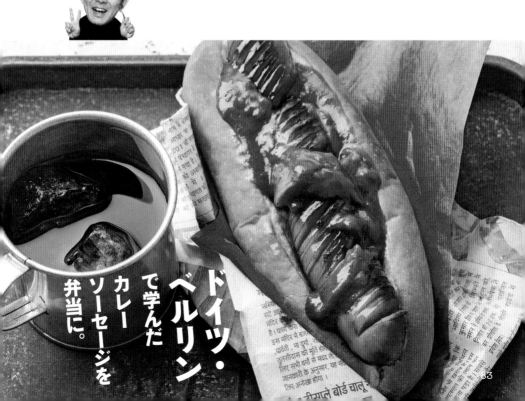

ドイツ・ベルリンで学んだカレーソーセージを弁当に。

33

SAMOSA
サモサ

材料(約9個分)

じゃがいも **1**個
塩 小さじ **1/4**
レモン汁 小さじ **1**
植物油 小さじ **1**
しょうが(すりおろし) 小さじ **1**
グリーンピース(水煮缶) **30**g
餃子の皮 **9**枚
揚げ油 適量

クミン 小さじ **1/4**
ターメリック 小さじ **1/3**
コリアンダー 小さじ **1/2**
レッドチリ 小さじ **1/8**
パプリカ 小さじ **1/4**

CURRY POWDER
小さじ
2杯
でもOK!

トマトケチャップ 適量
グリーンソース(P.88参照) 適量

作り方

下準備 じゃがいもは皮をむいて6等分に切り、柔らかくなるまでゆでておく。

1 ボウルにじゃがいもを入れてつぶし、スパイス(またはカレー粉)と塩、レモン汁を加えて混ぜておく。

2 鍋に植物油を中火で熱し、しょうがを加えて炒め、グリーンピースを加えて1分ほど炒める。さらに1を加えて炒め合わせる。

3 2の粗熱が取れたら、餃子の皮に10gずつ入れて包む。

4 鍋に揚げ油を180℃に熱し、3を3〜4分かけて黄金色になるまで揚げる。

インドの揚げ物といえばサモサ。

じゃがいものカレーを餃子の皮で包んで食べるよ。

CATIE ROLL

カティーロール

A

鶏もも肉（ひと口大に切る） **80**g

ヨーグルト（無糖） **30**g

塩 小さじ **1/2**

粒マスタード **5**g

オリーブオイル 小さじ **1**

トルティーヤ **2**枚

サラダ菜 **4**枚

クミン 小さじ **1/4**

ターメリック 小さじ **1/6**

レッドチリ 小さじ **1/8**

カルダモン 小さじ **1/4**

ガラムマサラ 小さじ **1/6**

CURRY POWDER 小さじ 2弱 でもOK！

作り方

下準備 ボウルに**A**とスパイス（またはカレー粉）を入れ、よく混ぜ合わせたら冷蔵庫で一晩おく。

1 鍋にオリーブオイルを中火で熱し、鶏肉の両面を焼き目がつくまで焼く。弱火にしてふたをしさらに5分焼く。1〜2回ふたを開け鶏肉をひっくり返す。

2 別の鍋にトルティーヤを入れ、両面を素焼きする。

3 **2**のトルティーヤにサラダ菜を2枚のせ、その上に**1**のタンドリーチキンをのせて、ヨーグルト（分量外）をスプーンでかけて巻く。

ワンハンドで持ち運びOK。

タンドリーチキンはトルティーヤとサラダ菜で巻けば

85

SPICY POTATO SALAD SANDWICH

スパイシーポテサラサンド

材料（1個分）

じゃがいも（中）　**1**個
ベーコン　**1**枚
ゆで卵（固ゆで）　**1**個
塩　少々
マヨネーズ　大さじ**2**
フライドオニオン　適量
パン（ホットドッグ用）　**1**個

CURRY POWDER 小さじ**2** でもOK！

ターメリック　小さじ**1/2**
ブラックペッパー　小さじ**1**
パプリカ　小さじ**1/2**

作り方

下準備 じゃがいもの皮をむいてラップに包み電子レンジに**5**分かけておく。

1 鍋を中火で熱してベーコンを入れ、カリッとするまでしっかり焼く。

2 ボウルにじゃがいもとゆで卵、スパイス（またはカレー粉）、塩を入れ、じゃがいもを粗めにつぶしながら混ぜる。

3 **2**にマヨネーズとフライドオニオンを加えよく混ぜ合わせる。

4 パンにベーコンと**3**を挟む。

マヨネーズはたっぷり！パンにふんわりはさんでネ。

SPICE BLT SANDWICH

スパイスBLTサンド

材料(1組分)

食パン　2枚
バター　10g
粒マスタード　小さじ2
ベーコン (食パンに収まる長さに切る)　2枚
レタス　1枚
トマト (スライス)　1/2個

クミン　小さじ1/4
ブラックペッパー　小さじ1/4
レッドチリ　小さじ1/8
ガラムマサラ　小さじ1/8

作り方

1 食パンをトースターで焼き、温かいうちに片面にバターを塗り、その上に粒マスタードを塗る(2枚とも)。

2 鍋を中火で熱し、ベーコンを入れてカリッとするまでしっかり焼き、スパイス (またはカレー粉)をベーコン全体(両面)にふりかける。

3 食パンのバターと粒マスタードを塗った方を内側にしてレタス、ベーコン、トマトを挟み、しっかり押さえて真ん中から半分に切る。

スパイスがカリカリベーコンを引き立てる。

BAO BHAJI
バオバジ

材料（1個分）

A
パクチー（ざく切り） **5**枚
青唐辛子（種を取ってざく切り） **2**本
レモン果汁 **1/2**個分
塩 小さじ **1/4**
水 **25**ml

卵 **1**個
塩 小さじ **1/4**
植物油 小さじ **1**
食パン **2**枚
トマト（輪切り） **1/5**個
クミン 小さじ **1/4**
ターメリック 小さじ **1/4**

CURRY
POWDER
小さじ
1弱
でもOK！

作り方

1 Aをフードプロセッサーにかけてグリーンソースを作る。

2 卵をボウルに割り入れ、スパイス（またはカレー粉）と塩を加え、よく混ぜ合わせる。

3 鍋に植物油を中火で熱し、**2**を入れ、両面焼きの薄焼き玉子を作る。

4 別の鍋を中火で熱し、食パン**2**枚の片面を焼き目がつくまでしっかり焼く（トースターでも可）。

5 食パンの上に**3**とトマトの輪切りをのせてグリーンソースをかけ、もう**1**枚の食パンをのせる。

卵をかき混ぜるときターメリックを入れると、色がグンッときれいになるよ。

EGG SANDWICH
玉子サンド

材料（1個分）

ゆで卵（固ゆで） **1**個
マヨネーズ 小さじ**2**強
バター（あれば・常温に戻す） 少々
練りマスタード 小さじ**1**強
パン（バンズ） **1**個
アボカド（スライス） **1/2**個

クミン 小さじ**1/2**
ターメリック 小さじ**1/4**
ブラックペッパー 小さじ**1/2**

CURRY POWDER 小さじ**2**弱 でもOK！

作り方

1 ボウルにゆで卵を入れてつぶし、マヨネーズとスパイス（またはカレー粉）を加えてよく混ぜ合わせる。

2 パンの厚みを半分に切り、下半分の断面にバターとマスタードを塗り、アボカドを敷く。

3 1をのせて上半分のパンをのせる。

ピリッと効いたスパイスが食欲をそそる！

89

CURRY FUTOMAKI

カレー太巻き

作り方

1 ボウルに**A**を入れてよく混ぜ合わせ、温かいごはんと混ぜる。

2 別のボウルに**B**を入れ、よく混ぜ合わせる。

3 鍋に植物油を中火で熱し、**B**を半量ずつ流し入れながら厚焼き玉子を作る。

4 巻きすの上に海苔を置き、その上に**1**を広げる（奥側は2cmくらいあけておく）。煎りごまを全体にふりかけ、その上にすべての材料を並べ、巻く。

5 食べやすい大きさに切る。

材料（1本分）

A
すし酢　大さじ1と1/2
ターメリック　小さじ1/8
コリアンダー　小さじ1/3

CURRY POWDER
小さじ1弱
でもOK！

ごはん　200g

B
卵　1個
水　小さじ2
しょう油　小さじ1/2
砂糖　少々
クミン　小さじ1/8

CURRY POWDER
小さじ1/8
でもOK！

植物油　少々
海苔　1枚
いりごま（白）　小さじ2
きゅうり（4等分の棒状に切る）　1/4本
カニカマ（縦半分に切る）　2本
パプリカのスパ漬け（細切り・P.109参照）　2片分
オクラのスパ漬け（細切り・P.110参照）　1本分
紫キャベツのスパ漬け（P.111参照）　少々

センターが多少ずれてたっていいじゃない！

CURRY INARI SUSHI

カレーいなり

材料（6個分）

油揚げ **3**枚
絹さや **3**枚
ひじき(生) 大さじ**2**
にんじん(千切り) **1/4**本
めんつゆ(ストレート) 小さじ**1**
しょう油 小さじ**1**
みりん 小さじ**1**
水 **50**㎖
ごはん **2**膳分(360g)
カレーの素(P.14参照) **1**人分

作り方

下準備 油揚げは横半分に切って開いておく。絹さやは塩ゆでし、斜めに切っておく。

1 小鍋を中火で熱し、ひじき、にんじん、めんつゆ、しょう油、みりん、水を入れ、5分ほど煮る。

2 1にカレーの素を加え、さらに1分ほど煮る。

3 火を止め、ごはんと絹さやの半量を入れてよく混ぜ合わせる。

4 3を油揚げに詰め、残りの絹さやを飾りつける。

いなりをスパイシーにしたっていいじゃない！

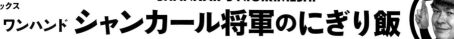

SHANKAR'S NIGIRIMESHI

■ ワンハンド **シャンカール将軍のにぎり飯**

梅干しキーマ

材料（作りやすい分量）

ごま油 大さじ **1**
にんにく（みじん切り） **1**片
玉ねぎ（みじん切り） **40**g
ミニトマト（4等分に切る） **2**個
塩 小さじ **1/4**
鶏ももひき肉 **50**g
梅干し（中玉・種を取り、ペーストにする） **1**個
ごはん 適量

ターメリック 小さじ **1/4**
レッドチリ 小さじ **1/16**
ガラムマサラ 小さじ **1/8**

CURRY POWDER 小さじ **1**弱 でもOK!

作り方

1 鍋にごま油を強めの中火で熱し、にんにくを入れる。にんにくが香ばしく茶色に焼けてきたら、玉ねぎを加え、きつね色になるまで炒める。

2 1にミニトマトを加え、ミニトマトがくずれてきたら、弱火にしてスパイス（またはカレー粉）と塩を加える。

3 ひき肉を加えて絡めるように5分炒め、梅干しを加えて1分よく混ぜ合わせる。

4 ごはんの間に3をはさみ、俵形に握る。

梅干しキーマ

スパイシーちりめんじゃこ

パクチー黒ごま

スパイシー
ちりめんじゃこ

材料（作りやすい分量）

植物油　大さじ**2**
にんにく（すりおろし）　**1**片
しょうが（すりおろし）　**1**片
塩　小さじ**1/2**
ちりめんじゃこ　**50**g
白ごま（粗ずり）　大さじ**1/2**
ごはん　適量

クミン　小さじ**1/4**
ブラックペッパー　小さじ**1/8**
レッドチリ　小さじ**1/3**

作り方

1 鍋に植物油を中火で熱し、にんにくとしょうがを入れ、きつね色になるまで炒める。

2 1にスパイス（またはカレー粉）と塩、水（小さじ2・分量外）を加え、弱い中火で1分炒め、ちりめんじゃこを加えて弱火で7分炒める。白ごまを加え、3分混ぜながら炒める。

3 ごはんを俵形に握り、2をまぶす。

パクチー黒ごま

材料（作りやすい分量）

パクチー　**8**枝
植物油　大さじ**2**
粒マスタード　小さじ**1**
黒ごま（すりごま）　大さじ**2**
ごはん　適量

ターメリック　小さじ**1/4**
コリアンダー　小さじ**1**
レッドチリ　小さじ**1/4**

作り方

1 パクチー8枝をハサミで細かく切り、中火で8分からいりする。

2 鍋に植物油を弱火で熱し、粒マスタード、スパイス（またはカレー粉）、水（大さじ1・分量外）を入れて混ぜ合わせる。

3 1のパクチーと黒ごまを加え全体を混ぜ合わせる。

4 ごはんを俵形に握り、3をまぶす。

MIZUNO'S NIGIRIMESHI

水野将軍のにぎり飯

スパイスふりかけ

材料（作りやすい分量）

ごはん　適量
ミックスナッツ（クラッシュ）　大さじ2
塩　小さじ1/2弱
海苔　適量

CURRY POWDER 小さじ1 でもOK！ [クミン　小さじ1/2
コリアンダー　小さじ1/4
レッドチリ　小さじ1/4

作り方

1 ボウルに海苔以外の材料をすべて入れ、混ぜ合わせる。

2 手に1をのせて握り、海苔で巻く。

スパイスふりかけ　　スパイシー明太子　　ほたてマヨ

※写真ではごはんの上に具をのせています。

スパイシー明太子

材料（作りやすい分量）

明太子 **1**腹
海苔 適量
ごはん 適量

クミン 小さじ$1/4$
コリアンダー 小さじ$1/4$
パプリカ 小さじ$1/2$

作り方

1 ボウルに明太子とスパイス（またはカレー粉）を入れ、混ぜ合わせる。

2 手にごはんをのせ、中に**1**を詰めて握り、海苔で巻く。

ほたてマヨ

材料（作りやすい分量）

ほたて（加熱済み）**3**粒（7〜8g）
マヨネーズ 小さじ**2**
ごはん 適量
海苔 適量
ターメリック 小さじ$1/8$
コリアンダー 小さじ$1/4$
パプリカ 小さじ$1/4$

作り方

1 ほたてを包丁でたたいて細かくする。

2 ボウルに**1**とマヨネーズ、スパイス（またはカレー粉）を入れ、混ぜ合わせる。

3 手にごはんをのせ、中に**2**を詰めて握り、海苔で巻く。

ITO'S NIGIRIMESHI

伊東将軍のにぎり飯

スパイスツナマヨ

材料（作りやすい分量）

A
ツナ缶（油をきっておく）　1缶
マヨネーズ　大さじ2
しょう油　小さじ1/2

ごはん　適量
塩水　適量
海苔　適量

CURRY POWDER
小さじ2弱 でもOK！

ターメリック　小さじ1/8
コリアンダー　小さじ1
レッドチリ　小さじ1/2

作り方

1 ボウルにAとスパイス（またはカレー粉）を入れ、よく混ぜ合わせる。

2 手に塩水をつけてごはんをのせ、中に1を詰めて握り、海苔で巻く。

スパイスツナマヨ

スパイスおかか

スパイス納豆

スパイスおかか

材料（作りやすい分量）

A
しょう油　大さじ**2**
みりん　大さじ**2**
砂糖　小さじ**1**
かつお節　**10**g

白いりごま　小さじ**1**
ごはん　適量
塩水　適量
海苔　適量
クミン　小さじ**1**
コリアンダー　小さじ**1/2**
カルダモン　小さじ**1/4**

CURRY POWDER
小さじ**2**弱
でもOK！

作り方

1 鍋を弱火で熱し、**A**とスパイス（またはカレー粉）を入れ水分が飛ぶまで炒める。

2 **1**にごまを加え、よく混ぜ合わせて軽く炒める。

3 ボウルに**2**とごはんを入れ、よく混ぜ合わせる。

4 手に塩水をつけてごはんをのせて握り、海苔で巻く。

スパイス納豆

材料（作りやすい分量）

ひきわり納豆　**1**パック
粒マスタード　小さじ**1/2**
ごはん　適量
塩水　適量
海苔　適量
クミン　小さじ**1/2**
ブラックペッパー　小さじ**1/4**

CURRY POWDER
小さじ**1**弱
でもOK！

作り方

1 ボウルに納豆とスパイス（またはカレー粉）、粒マスタードを入れ、よく混ぜ合わせる。

2 手に塩水をつけてごはんをのせ、中に**1**を詰めて握り、海苔で巻く。

MIDORIKAWA'S NIGIRIMESHI

緑川征夷大将軍の にぎり飯

昆布カレー

材料（作りやすい分量）

塩昆布　適量
白いりごま　小さじ1
カレーの素（P.14参照）　1人分
ごはん　適量
海苔（細く切る）　適量

作り方

1 ボウルに塩昆布、ごま、カレーの素を入れ、混ぜ合わせる。

2 手にごはんをのせ、中に1を詰めて握り、海苔を巻く。

昆布カレー

シャケカレー

梅カレー

※写真ではごはんの上に具をのせています。

シャケカレー

材料(作りやすい分量)

塩鮭　ひと切れ
カレーの素(P.14参照)　1人分
ごはん　適量
海苔(細く切る)　適量

作り方

1 塩鮭にカレーの素をよくまぶしオーブントースター(600W)で10分焼く。粗熱が取れたらほぐし、骨と皮を除く。

2 ボウルに1とごはんを入れ、よく混ぜ合わせる。

3 手に2をのせて握り、海苔を巻く。

梅カレー

材料(作りやすい分量)

梅肉　大さじ1
かつおぶし　2つまみ
カレーの素(P.14参照)　1人分
ごはん　適量
海苔(細く切る)　適量

作り方

1 梅肉とかつおぶしとカレーの素を包丁でよくたたく。

2 手にごはんをのせ、中に1を詰めて握り、海苔を巻く。

試作の嵐。冷めてもまた美味しいスパイストリック

編集 今回驚いたのが。あえて、冷めてから試食したんですが、ほんとうに、全部冷めても美味しかったんですよ。

緑川 そう！それはかなり考えたよ、弁当界の新参者として。手探りだったんで、**試作の嵐**。

水野 とくに真吾。SNSに試作を載せては、また作るんで、共通の知人達から「最近どうしたの真吾さん」って言われるくらい（笑）

真吾 ほんとおれ、冷ましてから脂浮かないかなって弁当箱を冷蔵庫に入れてみたり、持ち歩いて**匂いどうか**なって気になって、電車の中とかではどうかなとか。まぁでも**意外と匂い気にならないわ**。いろいろ実験はした。

一同 まじめ〜（心の声）

緑川 今回実験的な要素が多くて、麺ものとか特に。そうめんとか麺もののいろいろ試した。試作してみて、**3〜4時間たって食べたときの感じ**とか。勉強になった。

正直……難しい。カレー味じゃないものをカレー味に合わせる。**スパイス入れなくても美味しいものをスパイス入れて、ワンランク上にできるのかってそれが。**

リーダー 完全に料理として成立しているものを**プラススパイスで美味しくするのを考える**のが……俺は楽しかったかな。

音楽でいうと、ちょっとテンション効いてるサウンドになるわけ。**ちょっとおしゃれになる感じ**、シティサウンドになる。

編集 お互いのレシピを見て感想ってありました？

一同 見てないよね（笑）

緑川 あ、でもシャンカのスパ漬け食べたけど、**うまかったよ**。

シャンカ スパ漬け作ってて、材料の具材をいろいろ組み合わせて作ったやつがあるんだけど、ちゃんとパプリカ焼いて、赤く染めながら、どのホールスパイス使えばいいかとか考えてて。**その中に悦びがありながら**（笑）

水野 **快楽ね**（笑）

シャンカ スパ漬けもそうだけど、おにぎりのふりかけも（中略）すごく快楽でしたね。

一同 ふーん。

編集 **冷たくてもうまい**んですが、温めるとまた香りが復活しますよね。なんかトリックはあるんですか？

水野 それはさ、やっぱり**スパイストリック**ですよ。スパイスって冷めてしまうといったん香りは落ち着くわけ。眠るんだけど、温めてまた香り立つんだよね。

一同 うんうん。

水野 だから、**弁当には適しているのよ。**スパイストリック。**俺たちのトリックじゃないの、スパイストリック。**

これ、いいこと言ってる！

じゃぁ俺もう帰っていい？（笑）

伊東将軍　緑川征夷大将軍　水野将軍　シャンカール将軍

ごはんが進む
スパ漬け

カレーのお供といえば、らっきょう？ 福神漬け？
でもスパイスカレーにはどちらもグッとこないな。じゃあスパイスで漬けものを作ったらどうだろう？
そんな発想から生まれたスパ漬け。インドのアチャールとはまた違った
カレー将軍のスパ漬けは、スパイスカレー弁当をグンと引き立ててくれます。

※本章のスパイスはカレー粉では代用できません。また、レシピによってはホールスパイスも使っています。

オイルサーディンのスパ漬け

保存目安（冷蔵）約 10日

材料

きゅうり（長めの乱切り）　2本
塩　適量
オイルサーディン　適量
レモン汁　少々
レッドチリ　小さじ1/2
ターメリック　少々
コリアンダー　小さじ1/2

作り方

1 ボウルにきゅうりを入れて塩もみして水けを絞る。

2 別のボウルに1とオイルサーディン、レモン汁、スパイスを入れて混ぜ合わせる。

ツナと切り干し大根のスパ漬け

保存目安（冷蔵）約 3日

材料

切り干し大根　15g
ツナ缶（油はきっておく）　1缶
マヨネーズ　大さじ1
カレーの素（P.14参照）　大さじ1
めんつゆ（ストレート）　小さじ1
ターメリック　小さじ1
コリアンダー　小さじ1
カルダモン　小さじ1/2

作り方

下準備 切り干し大根はたっぷりの水（分量外）につけて戻し、水けをよくきり細かく切っておく。

1 ボウルにすべての材料を入れ、混ぜ合わせる。

2 塩気が足りない場合は塩（少々・分量外）で調味する。

鶏レバー・ハツとししとうの
スパ漬け

保存目安（冷蔵）約 **1**日

材料

鶏ハツ **2**個
植物油 大さじ**1**
鶏レバー **80**g
ししとう **6**個
にんにく（みじん切り）少々
しょうが（みじん切り）少々

カレーの素（P.14参照）
　小さじ**1**
塩 少々
クミン 小さじ**1**
コリアンダー 小さじ**1**

作り方

下準備 鶏ハツは真ん中で開いて血合いを取り除く。破裂を防ぐため、ししとうの腹に軽く切り込みを入れておく。

1 鍋に植物油を中火で熱しにんにくとしょうがを炒めたら、レバーとハツ、ししとうを加え炒める。

2 レバーとハツに火が通ったら、スパイスとカレーの素を加え、さっと炒めて塩で調味する。

ミックススパ漬け

保存目安（冷蔵）約 **5**日

材料

植物油 大さじ**3**
しょうが（みじん切り）小さじ**1**
うど（3cm長さの短冊切り）**1**本（**100**g）
セロリ（1cm厚さの輪切り）**50**g
エシャロット（3cmに切り2等分）**8**本
ししとう（3mm厚さの輪切り）**5**本
ミニトマト（4等分）**4**個
レモン汁 **1/2**個分

A
クミン（シード）小さじ**1**
レッドチリ（ホール）**1**本
フェヌグリーク 小さじ**1/3**

B
ターメリック 小さじ**1/2**
レッドチリ 小さじ**1/2**
塩 小さじ**1**

作り方

1 鍋に植物油を強めの中火で熱しAを入れ、フェヌグリークが茶色くなるまで炒めたら、しょうがとうど、セロリを加える。

2 セロリに焼き目がついたら、その他のすべての材料を加え、弱火で**8**分ほど炒める。

103

れんこんとパプリカのスパ漬け

保存目安（冷蔵）約**7**日

作り方

1 鍋にオリーブオイル小さじ**2**を中火で熱し、パプリカを炒め、焼き色がついたら、水と一緒にミキサーにかける。

2 別の鍋にオリーブオイル大さじ**4**と**A**を中火で熱し、スパイスが焼けてきたら、玉ねぎを入れ、きつね色になったら火を弱中火にして、にんにくとしょうが、**B**、水大さじ**1**（分量外）を炒め合わせる。

3 **2**にレンコンを加え中火で**5**分ほど炒めたら、**1**とレモン汁を加え**3**分ほど炒め、塩で調味する。

材料

オリーブオイル　大さじ**4**と小さじ**2**
赤パプリカ（種を取り、乱切り）　**1**個
水　**20**㎖
玉ねぎ（中・みじん切り）　**1/4**個
にんにく（すりおろす）　**1**片
しょうが（すりおろす）　**1**片
塩　小さじ**1**と**1/2**
れんこん（小・**1**㎝角に切る）　**1**節（**150**g）
レモン汁　**1**個分

A
クミン（シード）　小さじ**1**
フェンネル（シード）　小さじ**1**
クローブ（ホール）　**6**粒

B
ターメリック　小さじ**1/2**
パプリカ　小さじ**1**

大根のスパ漬け

保存目安（冷蔵）約**3**日

作り方

下準備 大根に塩小さじ**1/2**をふって、一晩おいて水分を抜き、水けをきっておく。

1 ボウルに大根を入れ、麻の種と白ごまをふりかける。

2 鍋に植物油を中火で熱し、**A**を入れて炒める。

3 フェヌグリークが茶色くなってきたら、**B**と青唐辛子、塩小さじ**1**を加えさらに**1**分ほど炒める。

4 **1**に**3**のスパイスオイルを加え、よく混ぜ合わせ、塩で調味する。

材料

大根（拍子木切り）　**500**g
塩　小さじ**1**と**1/2**
麻の種（粗挽き）　大さじ**1**
白いりごま（粗ずり）　大さじ**1**
植物油　大さじ**2**
青唐辛子（輪切り）　**4**本

A
ティムール山椒（花山椒で代用可）　小さじ**1**
フェヌグリーク　小さじ**1**

B
レッドチリ　小さじ**1/2**
ターメリック　小さじ**1/2**

じゃがいものスパ漬け

保存目安（冷蔵）約 **3**日

作り方

1 鍋にごま油を中火で熱しAを加え、フェヌグリークが茶色くなったら、にんにくを加える。

2 にんにくが香ばしく焼けてきたらBを加え、約30秒炒める。

3 2に青唐辛子と玉ねぎを加え、全体がなじんできたらじゃがいもを加えて、焼くように炒める。

4 全体に火が通ったら、火を止めレモン汁を加え、塩（少々・分量外）で調味する。

材料

ごま油　大さじ4
にんにく（包丁でつぶす）　2片
青唐辛子（種を取り、小口切り）　2本
玉ねぎ（小・みじん切り）　1個
じゃがいも（中）
3個（1個12等分に切る、固ゆでにする）
レモン汁　1個分

A
クミン（シード）　小さじ1
フェヌグリーク　小さじ1/2
赤唐辛子　1本

B
ターメリック　小さじ1/2
レッドチリ　小さじ1/2
塩　小さじ1と1/2

なめこのスパ漬け

保存目安（冷蔵）約 **5**日

作り方

1 鍋に植物油を中火で熱しAを加え、イエローマスタードの音が落ち着いたら、にんにくを加える。

2 にんにくがこんがり焼けてきたら、玉ねぎを加え茶色くなるまで炒める。

3 2にBを加え混ぜ合わせたら、なめこを加えてよく混ぜ合わせ、少し火を弱めてから、ライム汁とトマトを加えて5分ほど炒める。

4 最後に塩で調味する。

材料

植物油　大さじ4

A
ブラックペッパー　小さじ1/3
ブラックカルダモン（種のみ粗めにつぶす）　1個
カカオニブス　大さじ1
イエローマスタード　小さじ1

にんにく（みじん切り）　1片
玉ねぎ（みじん切り）　大さじ2

B
ターメリック　小さじ1/3
レッドチリ　小さじ1/2
ガラムマサラ　小さじ1/2

なめこ　2袋/200g
ライムの絞り汁　1個分
トマト（小・ざく切り）　1個
塩　小さじ2

あさりと青ねぎのスパ漬け

保存目安（冷蔵）約 **3** 日

作り方

1 鍋にごま油を中火で熱しAを加え、フェヌグリークが茶色くなったら、にんにくとしょうがを加える。

2 1に玉ねぎを加えなじんできたら、青唐辛子と小ねぎ、B、魚醤、水を加えて煮立たせる。

3 2にあさりを加え絡めるように炒め、殻が全部開いたら、かつお節とライム汁を加え3分ほど炒める。

材料

ごま油	大さじ4
にんにく（みじん切り）	2片
しょうが（みじん切り）	1片
玉ねぎ（小・みじん切り）	1/2個
青唐辛子（斜め切り）	3本
小ねぎ（1cm長さに切る）	5本

A

マスタードシード	小さじ1
フェヌグリーク	小さじ1/2

B

コリアンダー	小さじ1
レッドチリ	小さじ1
白いりごま	大さじ1

魚醤	大さじ2
水	100ml
あさり	30枚
かつお節	1g
ライムの絞り汁	1個分

砂肝の辛いスパ漬け

保存目安（冷蔵）約 **5** 日

作り方

1 鍋に植物油を中火で熱しAを加え、マスタードの音が落ち着いたら、玉ねぎを加え炒める。

2 玉ねぎが黄金色になったら、にんにくとしょうが、青唐辛子、Bを加え2分ほど炒め、水を加えて煮立たせる。

3 2に砂肝を加え、5分ほど煮たら、パクチーとにらを加え10分ほど煮る。

4 レモン汁を加え、塩（少々・分量外）で調味する。

材料

植物油	大さじ4

A

クミンシード	小さじ1/2
フェンネル	小さじ1
マスタードシード	小さじ1/2

玉ねぎ（小）	1/2個
にんにく（すりおろし）	小さじ2
しょうが（すりおろし）	小さじ2
青唐辛子（薄い斜め切り）	3本

B

ターメリック	小さじ1/2
レッドチリ	小さじ1と1/2
塩	小さじ2

水	150ml
砂肝	300g（白い部分を切り落とし、半分に切っておく）
パクチー（みじん切り）	2枝
にら（みじん切り）	7本
レモン汁	1/2個分

玉ねぎのスパ漬け

保存目安（冷蔵）約 **3** 日

3
ごはんが進むスパ漬け

材料	
玉ねぎ（薄めの乱切り）	1/4個（60g）
にんじん（薄めの乱切り）	1/4本（50g）
塩	少々
ピーマン（細切り）	1個
クミン	少々
レッドチリ	小さじ1/2弱

作り方

1 ボウルに玉ねぎとにんじんを入れて塩もみし、絞って水けをきっておく。

2 1にピーマンとスパイスを混ぜ合わせる。

かぼちゃのスパ漬け

保存目安（冷蔵）約 **3** 日

材料	
かぼちゃ（小・乱切り）	1/6個
白すりごま	大さじ1
塩	少々
レモン汁	1/2個分
クミン	小さじ1/2
ターメリック	少々

作り方

1 かぼちゃをたっぷりの水でゆでてボウルに移し、少しつぶしておく。

2 1にすりごまとスパイス、塩、レモン汁を加えてよく混ぜ合わせる。

107

オイキムチのスパ漬け

保存目安（冷蔵）約 **5**日

材料

きゅうり **1**本
キムチ **100**g
クミン 小さじ**1**
コリアンダー 小さじ**1**
カルダモン 小さじ**1/2**

作り方

1 きゅうりはたたいて割る。

2 ボウルに**1**と他の材料を入れ、よく混ぜ合わせる。

野沢菜のスパ漬け

保存目安（冷蔵）約 **10**日

材料

野沢菜漬け **1**パック（10g）
かつお節 **1**袋（10g）
クミン 小さじ**1/4**
ブラックペッパー 小さじ**1/4**
レッドチリ 小さじ**1/8**

作り方

1 野沢菜漬けを絞って細かく刻む。

2 ボウルに**1**と他の材料を入れ、混ぜ合わせる。

生大根のスパ漬け

保存目安（冷蔵）約**7**日

材料

A
りんご酢 **100**㎖
水 **50**㎖
塩 小さじ**1/2**
砂糖 大さじ**2**

大根（拍子木切り） **1/4**本（300g）
クミン 小さじ**1/4**
コリアンダー 小さじ**1/4**
レッドチリ 小さじ**1/8**

作り方

1 鍋にAを入れて火にかけ、一度沸騰させる。

2 火を止めスパイスを加えたら、大根を加え粗熱が取れるまでおく。

3 密閉容器（厚めの食品用ポリ袋でも可）に2を液ごと加え冷蔵庫で3日以上おく。

パプリカのスパ漬け

保存目安（冷蔵）約**7**日

材料

A
りんご酢 **100**㎖
水 **50**㎖
塩 小さじ**1/2**
砂糖 大さじ**2**

パプリカ（乱切り） **1**個（150g）
クミン 小さじ**1/4**
コリアンダー 小さじ**1/4**
ブラックペッパー 小さじ**1/8**

作り方

1 鍋にAを入れて火にかけ、一度沸騰させる。

2 火を止めスパイスを加えたら、粗熱が取れるまでおく。

3 密閉容器（厚めの食品用ポリ袋でも可）にパプリカを入れ、2を加え冷蔵庫で3日以上おく。

にんじんのスパ漬け

保存目安（冷蔵）約**7**日

材料

A
穀物酢 **100**㎖
水 **50**㎖
塩 小さじ**1/2**
砂糖 大さじ**2**

にんじん（中・拍子木切り） **1**本（**150**g）
クミン 小さじ**1/3**
ブラックペッパー 小さじ**1/8**

作り方

1 鍋にAを入れて火にかけ、一度沸騰させる。

2 火を止めスパイスを加えたら、にんじんを加え粗熱が取れるまでおく。

3 密閉容器（厚めの食品用ポリ袋でも可）に**2**を液ごと加え、冷蔵庫で**3**日以上おく。

オクラのスパ漬け

保存目安（冷蔵）約**7**日

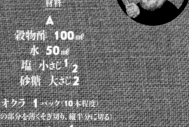

材料

A
穀物酢 **100**㎖
水 **50**㎖
塩 小さじ**1/2**
砂糖 大さじ**2**

オクラ **1**パック（**10**本程度）
（がくの部分を薄くそぎ切り、縦半分に切る）
クミン 小さじ**1/8**
コリアンダー 小さじ**1/4**

作り方

1 鍋にAを入れて火にかけ、一度沸騰させる。

2 火を止めスパイスを加えたら、粗熱が取れるまでおく。

3 密閉容器（厚めの食品用ポリ袋でも可）にオクラを入れて**2**を加え、冷蔵庫で**3**日以上おく。

生じゃがのスパ漬け

保存目安（冷蔵）約 **7**日

材料

A
りんご酢　**100**㎖
水　**50**㎖
塩　小さじ**1/2**
砂糖　大さじ**2**

じゃがいも〔メークイン〕　**1**個（120g）
クミン　小さじ**1/4**
ターメリック　小さじ**1/8**

作り方

1 じゃがいもは、芽をしっかり取り除いて皮をむき、食べやすい大きさにスライスする。

2 鍋に**A**を入れて火にかけ、一度沸騰させる。

3 火を止めスパイスを加えたら、**1**を加え粗熱が取れるまでおく。

4 密閉容器〔厚めの食品用ポリ袋でも可〕に**3**を液ごと加え、冷蔵庫で**3**日以上おく。

紫キャベツのスパ漬け

保存目安（冷蔵）約 **7**日

材料

A
穀物酢　**100**㎖
水　**50**㎖
塩　小さじ**1/2**
砂糖　大さじ**2**

紫キャベツ〔千切り〕　**1/4**個（250g）
コリアンダー　小さじ**1/2**
ブラックペッパー　小さじ**1/8**

作り方

1 鍋に**A**を入れて火にかけ、一度沸騰させる。

2 火を止めスパイスを加えたら、粗熱が取れるまでおく。

3 密閉容器〔厚めの食品用ビニール袋でも可〕に紫キャベツを入れて**2**を加え、冷蔵庫で**3**日以上おく。

カレー将軍（カレーしょうぐん）

出張料理ユニット「東京カリ〜番長」の主軸メンバーだった、緑川真吾、伊東盛、シャンカール・ノグチ、水野仁輔の**4**人からなるカレーユニット。日本をカレーで盛り上げるために「ジャパニーズスパイスカレー」をテーマとしたイベントを全国で行っている。

デザイン 芝 晶子(文京図案室)　撮影 北村勇祐　スタイリング 阿部まゆこ　校正 安久都淳子　編集 丸山亮平、岩崎 悠(百日)

汁もの、丼もの、カレーむすびまで
気軽に持ち運びできる本格レシピ **44**

スパイスカレー弁当

2020年3月16日　発　行　　　　　　　　　　　　　　NDC596

著　者　　カレー将軍(水野仁輔、伊東 盛 、緑川真吾、シャンカール・ノグチ)
発行者　　小川雄一
発行所　　株式会社 誠文堂新光社
　　　　　〒113-0033 東京都文京区本郷3-3-11
　　　　　[編集]電話 03-5800-3614
　　　　　[販売]電話 03-5800-5780
　　　　　https://www.seibundo-shinkosha.net/
印刷所　　株式会社 大熊整美堂
製本所　　和光堂 株式会社